ILLUSTRAZIONI DI:

Young DREAMERS PRESS

VISITACI ONLINE:
WWW.YOUNGDREAMERSPRESS.COM

INSTAGRAM:
WWW.INSTAGRAM.COM/YOUNGDREAMERSPRESS

SIAMO ANCHE SU FACEBOOK:
WWW.FACEBOOK.COM/YOUNGDREAMERSPRESS

©2020 YOUNG DREAMERS PRESS
TUTTI I DIRITTI RISERVATI.

NESSUNA PARTE DI QUESTA PUBBLICAZIONE PUÒ ESSERE RIPRODOTTA, DISTRIBUITA, O TRASMESSI IN QUALSIASI FORMA O CON QUALSIASI MEZZO, COMPRESI FOTOCOPIATURA, REGISTRAZIONE O ALTRI SISTEMI ELETTRONICI O MECCANICI METODI, SENZA IL PREVIO CONSENSO SCRITTO DEL EDITORE, TRANNE NEL CASO DI BREVI CITAZIONI INCARNATA NELLE RECENSIONI CRITICHE E IN ALCUNE ALTRE USI NON COMMERCIALI CONSENTITI DALLA LEGGE SUL DIRITTO D'AUTORE.

ANCHE DISPONIBILE

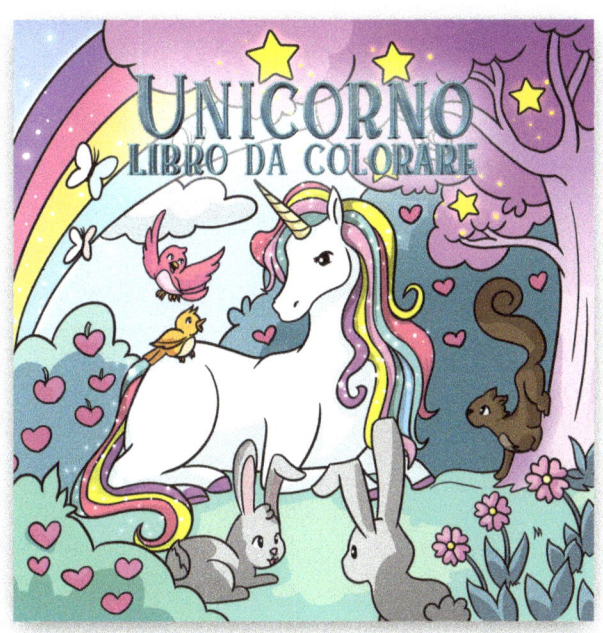

Unicorno libro da colorare: Per bambini dai 4 agli 8 anni
Copertina flessibile ISBN: 978-1989790267

www.ingramcontent.com/pod-product-compliance
Lightning Source LLC
LaVergne TN
LVHW070221080526
838202LV00068B/6881